AF240064

Dr F. LALESQUE

Membre correspondant de l'Académie de Médecine

LA
FONDATION WALLERSTEIN
ARÈS (Gironde)

PARIS

ÉDITIONS DE LA " GAZETTE DES EAUX "

3, Rue Humboldt, 3

1913

Dᵗ F. LALESQUE

Membre correspondant de l'Académie de Médecine

LA

FONDATION WALLERSTEIN

ARÈS (Gironde)

PARIS

ÉDITIONS DE LA " GAZETTE DES EAUX "

3, Rue Humboldt, 3

1913

La Fondation Wallerstein

Arès (Gironde)

Par le Docteur F. LALESQUE

Membre correspondant de l'Académie de Médecine

L'AÉRIUM

Dans une contrée de vaste étendue, aux habitations éparses, aux modes de transports rudimentaires par des chemins plus que défectueux, mettre en contact permanent malades et médecin, aux uns garantir ressources matérielles et morales d'une hospitalisation ou d'un dispensaire modèles, au médecin donner la possibilité de se consacrer à toute heure *tuto, cito* et *jucunde*, tel est le problème que, par la *Maison de santé d'Arès*, véritable hôpital de campagne (1), solutionnèrent M. et Mme Paul Wallerstein.

Grâce à de généreux concours, la Fondation Wallerstein s'est accrue d'un second établissement qui la parfait. Ce qu'on veut ici, c'est moins guérir que prévenir. L'Aérium d'Arès tend à réaliser cette formule de Pasteur : *sauvez la graine*, dont, de même, notre maître regretté le Professeur et Mme Joseph Grancher s'inspirèrent pour la Protection de l'enfance tuberculeuse.

En fait, au sein des métropoles, faute de places ou de fonds, que de convalescents, insuffisamment réparés, donc en état de réceptivité morbide, reprennent la vie commune, y subissant tous les contacts pathogènes et ce, en milieu encombré, mal aéré, mal éclairé, sans nourriture réparatrice : facteurs primordiaux du retour définitif à la santé.

---

(1) Dr F. Lalesque. — La « Fondation Wallerstein », à Arès (Gironde). In *La Presse médicale*, 25 Janvier 1913.

Combien d'enfants encore qui, entachés de rachitisme ou effleurés par la scrofulo-tuberculose, surmonteraient victorieusement ces atteintes, reprendraient force et vie, rempliraient dans l'avenir leur rôle social, si, *en temps opportun*, hygiène, lumière, air marin surtout, leur étaient distribués ! Tout cela, nous le savons depuis Russell, Bergeron, Perrochaud, Cazin, etc.

Mais à cette catégorie de débilités, retardés, menacés ou déjà déviés, les sanatoriums marins n'ouvrent pas ou n'ouvrent guère leurs portes. Malgré avis médicaux, malgré résolutions votées par tant de Congrès, ces établissements ne se transforment-ils pas, trop souvent encore, en véritables « hôpitaux de rebut », selon l'énergique expression de Barbier ? Quand tout l'arsenal thérapeutique a été vainement mis en branle contre le rachitisme ou la scrofule, on fait appel aux hôpitaux marins. Trop tard : la mer fait des cures, parfois merveilleuses, mais non des miracles. Et c'est ainsi, par défaut d'adaptation judicieuse, que le rendement thérapeutique et social des sanatoriums reste inférieur aux sacrifices de temps et d'argent consentis.

* *

Or — et c'est ce dont il faut la louer — la sagace philanthropie qui présida à la création de l'Aérium d'Arès sut éviter cette erreur lamentable. Seule, la dénomination de l'établissement en exprime clairement la pensée et le but, en définit le programme. Aérium, c'est-à-dire guérison, réparation, sans le secours direct de la médecine proprement dite, mais par la simple mise en jeu d'un puissant agent physiothérapique : l'air marin, synthèse complexe d'éléments curateurs capable, à elle seule, — deux siècles d'expérience en font foi — de réparer, de fortifier, de rénover la race.

En conformité de cette doctrine, le règlement de l'Aérium précise quels enfants sont appelés au bénéfice du traitement marin. Ceux atteints de lymphatisme ou d'anémie, de scrofule, d'abcès froids, de lupus, d'affections osseuses ou articulaires non suppurées, de tumeur blanche des membres supérieurs sans suppuration, de tumeur blanche des membres inférieurs sans suppuration et permettant la marche, d'ostéite ou d'arthrite vertébrale non suppurée permettant la marche avec ou sans appareil, de rachitisme.

Ne peuvent être admis les enfants scrofuleux ou rachitiques atteints : de tuberculose ouverte des poumons, de tuberculose ouverte des os ou des articulations, de teigne faveuse ou tondande, de syphilis en évolution, d'ophthalmie scrofuleuse, d'idiotie ou d'épilepsie, de paralysie infantile, d'incontinence d'urine diurne ou nocturne.

Cette énumération, dans sa netteté, confirme l'absolutisme louable des fondateurs : faire œuvre utile et durable. Mieux vaut, sans conteste, remettre en santé définitive les sujets aptes à ce résultat, que de *blanchir momentanément* les tares irréparables d'un plus grand nombre. Des quarante enfants auxquels l'Aérium dispensera ses soins, quarante sortiront sains, robustes, prêts aux difficultés de la vie.

Pas un article du règlement qui ne mette en relief le souci de tout subordonner à l'hygiène. « Tout enfant, quels que soient son âge et son sexe, qui, à son arrivée, serait reconnu avoir des parasites sur la tête, aura les cheveux coupés à la tondeuse ». De prime abord, cette prescription pourra paraître secondaire. Elle comporte cependant son enseignement. Dans un établissement de même ordre ne me suis-je pas vu refuser la mise en pratique de cette simple mesure de propreté, sous prétexte que les familles s'y opposeraient ? Comme si, dans la circonstance, notre rôle ne devait pas être celui d'éducateurs du peuple, trop fermé encore aux notions d'hygiène ou imbu de préjugés ridicules, tel celui prétendant que le poux est la santé de l'enfant ! Ce faisant, l'Aérium d'Arès exercera une action salutaire, ses pensionnaires y contractant l'habitude de la propreté corporelle, cette grande pourvoyeuse de santé.

Au surplus, charger les Sœurs de St-Joseph de Cluny de veiller sur les enfants, n'est-ce pas garantir la stricte observation des mesures prescrites ? Elles seront et feront ici, ces femmes admirables, ce que, depuis plus de douze ans, nous les voyons être et faire à la Maison de santé. Car, ces deux éléments de la Fondation Wallerstein se superposent, se complètent. A l'Aérium, pas de malades. Qu'en cours de séjour une intervention chirurgicale ou des soins médicaux s'imposent, aussitôt le sujet est évacué sur la Maison de santé. Peut-il se concevoir un organisme plus parfait ? Et c'est au prix de 2 francs par jour et par tête, que vingt garçons, de 4 à 12 ans, et vingt filles, de 4 à 18 ans, trouvent tous ces bienfaits, tous ces secours. N'est-ce pas mettre un précieux instrument de cure à la portée de familles laborieuses dont la situation n'est ni justiciable de charité, ni en mesure de faire face aux frais d'un déplacement souvent lointain, toujours prolongé s'il veut être efficace? A ce point de vue, l'Aérium comble une lacune.

* *

Construit par M. Gayet, entrepreneur de Lège, sur les plans de MM. C. Duval et E. Gonse, architectes de Paris, l'Aérium se développe dans un cadre spacieux. M. Emmanuel Gonse, tout spécialement attaché à l'œuvre par des liens d'amitié, a su merveilleusement harmoniser la construction avec le délicieux site qui l'environne. Inondé d'air, d'une lumière doucement tamisée par la frondaison des pins, soumis à l'action bienfaisante de la brise marine, l'établissement dresse sa principale façade en bordure du Bassin d'Arcachon. Une large terrasse, complantée d'arbres, donne accès sur une plage longue, plate, sans dangers pour les jeunes baigneurs. Simplicité non dépourvue d'élégance, clarté, sens pratique, bon goût caractérisent tant l'intérieur que l'extérieur. Tout est prévu, bien ordonné, rien laissé au hasard.

Le bâtiment principal comprend, en avancée, un pavillon central, parallèle à la plage, avec deux ailes en retour. Dans ce pavillon, une salle à manger, ornée de belles fresques de M. Henri Marret, et d'où la vue s'étend au large sur la mer ; en plus, salle de pansement, lingerie, cuisine, bureau, vestiaire, lavabos, chapelle, etc. Le tout complété par une large et haute galerie, admirablement agencée pour les cures d'air et de soleil, et par deux galeries fermées, en prévision des jours d'intempéries.

Les deux ailes latérales, en retour vers la forêt, contiennent les dortoirs, les salles de gymnastique, d'orthopédie, les salles de bains, l'hydrothérapie, etc.

En arrière, sur divers points de la propriété, se trouvent

la loge des gardiens, la buanderie, le groupe électrogène, le puits artésien, un poulailler, un potager, une vaste prairie avec emplacement de jeux.

*
* *

L'inauguration de l'Aérium eut lieu le 15 Mars 1913. « Par suite d'une coïncidence voulue, touchant hommage à la mémoire d'un homme qui fut un philanthrope généreux et éclairé, la date choisie pour l'inauguration officielle était en même temps le dixième anniversaire de la mort de M. Wallerstein, décédé à Arès le 15 Mars 1903. Le Conseil d'administration de l'Aérium, dont Mme Wallerstein est présidente, avait tenu, en raison de cet anniversaire, à ce que la cérémonie d'inauguration se déroulât sans faste, avec un caractère de simplicité qui nous parut d'ailleurs en harmonie parfaite avec le but éminemment charitable de la Fondation » (1).

Malgré cette absence de tout caractère officiel, plus de deux cents personnes se pressaient autour de Mme Wallerstein. A sa trop respectable douleur d'assister seule à cette inauguration, sans celui dont elle est restée la fidèle continuatrice, se mêlait sans doute la légitime satisfaction du bien accompli, de la parfaite réussite du but poursuivi ; sentiments auxquels rendait hommage la seule présence de personnalités marquantes : le Professeur Chauveau, de l'Institut, président actuel de l'Académie de Médecine ; les Professeurs Pitres, Denucé ; les administrateurs de la Fondation Wallerstein : MM. Bardet, A. Bénac, Prof. Bergonié, conseiller A. Léon, Monvielle, Nobel et le maire d'Arès, M. Ducamin ; MM. Gruet, Ch. Cazalet, administrateurs des hôpitaux de Bordeaux ; des magistrats ; MM. Rôdel, le colonel Bujac, le lieutenant-colonel Bouché ; de nombreux médecins : MM. Mauriac, Cabannes, Molinier, Codet-Boisse, Delaye, Sellier, Gourdon, Cluzan, Castaing, Dulau, Savournin, Cruchet, Chauveau fils, Doche, Lalesque fils, Hamilton, etc. ; les médecins de la Fondation : Courtin, Lafite-Dupont,

---

(1) **L'Aérium d'Arès (Fondation Wallerstein). —** Inauguration officielle. *La Petite Gironde*, 17 Mars 1913.

Puech, et, se perdant dans la foule, un modeste, le Dr Peyneaud (d'Arès), le dévoué et constant collaborateur de M. et Mme Wallerstein, praticien éclairé, prodiguant, sans compter, son temps, son savoir, sa bonté.

Signalons encore la présence de Sœur Angélique, supérieure des Sourdes et Muettes de Bordeaux, Mme la Générale et Mlle Espinasse, la Baronne d'Eichthal, Mmes Gonse, Bergonié, Mlle Denucé, etc...

Les heures passèrent trop vite, au gré de chacun, dans une intimité faite de souvenirs, de respect et d'approbation.

C'est qu'en effet, le ciel d'une admirable pureté, la douce chanson de la brise au sommet des grands pins, la nappe bleue des flots mirant un soleil dans toute sa splendeur, la voix lointaine de l'Océan, à l'horizon la ligne ondulante des dunes, disaient quels trésors de joie, de saine liberté, de santé, ce coin d'Aquitaine réservait aux jeunes victimes du surpeuplement des villes modernes.

Au cours de l'inauguration, un Maître de la Pédiatrie française, Professeur à la Faculté de Médecine de Bordeaux, déclarait dans un groupe d'invités : « Tous nos établissements analogues, aussi bien que les plus réputés de l'étranger, me sont familiers. Aucun n'est comparable à celui-ci. Soyons-en fiers et faisons-le connaître ».

Ce devoir patriotique et régional, je l'accomplis.

Issoudun. — Imprimerie H. GAIGNAULT, 15, rue Victor-Hugo.